CRAIG YR OESOEDD

lluniau
Ifor Pritchard
images

TRUE GRIT

detholwyd y testun gan
text selection by
MYRDDIN AP DAFYDD

cyfieithwyd y testun gan
text translation by
SUSAN WALTON

Cynnwys

Contents

Cyflwynedig i Catrin ac Elin er cof am taid

Dedicated to Catrin and Elin in the memory of their grandfather

YR ARLUNYDD / THE PAINTER

IFOR PRITCHARD

(1940 – 2010)

CYFLWYNIAD

Pan fu Ifor Pritchard farw ar ddechrau gaeaf 2010, roedd wedi cyrraedd anterth ei ailenedigaeth fel arlunydd. Dechreuodd greu ei ddarluniau olew yn ymwneud â bywyd chwarelyddol Eryri gwta chwe mlynedd cyn hynny ac yn ystod y cyfnod hwnnw defnyddiodd ei allu deheuig a'i ddychymyg dwys i gofnodi arferion a chaledi a sgiliau yr hen chwarelwyr. Atgofion ei blentyndod yng Ngharmel, Dyffryn Nantlle yn ystod y pedwar degau oedd ei ysbrydoliaeth. Ceisiodd ddehongli bywyd y chwarelwr ar gynfas – roedd y bywyd hwnnw, yn ôl ei eiriau ei hun 'yn seiliedig ar waith a chapel' a'i brif ddiddordeb ymhlith hyn oll oedd 'dynoliaeth y diwydiant'. Dyma egluro, mae'n debyg, pam mai un o nodweddion a rhinweddau amlycaf ei waith yw'r ffordd y mae'n gallu cyfleu wynebau a mynegi emosiynau yr unigolion sy'n ymddangos yn ei luniau mor effeithiol â hynny gyda chyllell yn hytrach na brwsh. Ni ellid wrth well cyfrwng i fynegi bywyd a chaledi gerwin y chwareli llechi.

Roedd Ifor yn ŵr aml ei ddoniau. Fel y canol o dri mab Robert Alun a Maggie Jane daeth yn bêl-droediwr o fri gan feithrin ei sgiliau ar gae Clwt y Foty ger y pentref. Enillodd dri chap amatur rhyngwladol dros Gymru fel gôl-geidwad. Cyfnewidiodd ei grys yn ôl yr arfer gyda gôl-geidwaid yr Alban ac Iwerddon ond ymwrthododd â hynny ar ddiwedd y gêm yn erbyn yr hen elyn! Roedd yn gymeriad ystyfnig a phenderfynol ac ambell dro yn feirniadol a phigog ei sylwadau ynglŷn â'r byd o'i gwmpas. Nid oedd yn gymeriad llawn o hunan-gred ond pan fyddai'n paentio, deuai hyder gloyw i'r amlwg. Ymgollai yn y broses o greu cyfanwaith ac anelodd bob amser at berffeithrwydd caboledig. Os nad oedd yn gwbl fodlon â'r gwaith gorffenedig byddai'n dewis peidio ei arddangos.

Dechreuodd ar ei yrfa fel athro celf yn 1964 wedi treulio cyfnod yng Ngholeg y Normal a Choleg Celf Caerdydd. Treuliodd bron y cwbwl o'i yrfa fel pennaeth celf Ysgol Syr Hugh Owen, Caernarfon, hyd nes iddo ymddeol yn 1992. Priododd â Gwyneth ei gymar mynwesol, a hynny ar Sadwrn pan enillodd Lloegr Gwpan y Byd yn 1966, a bu'n dad annwyl i Sian ac Alun.

Cyfarfyddais â 'Pritch' am y tro cyntaf fel cyd-athro yn Ysgol Syr Hugh yn 1979. Roedd ei ystafell ddosbarth wrth ymyl fy ystafell a threuliais oriau lawer yn rhyfeddu at ei weithiau. Lluniai rai ohonynt yn ei amser sbâr yn yr ystordy oedd mewn cilfach gerllaw. Rhyfeddwn i a'i gydweithwyr at ei fodelau o awyrennau a llongau yn ogystal â'r gitârs acwstig a adeiladai yn ôl ei gynlluniau ei hun. Roedd safon aruchel ei waith yn wers i'w ddisgyblion ynddynt eu hunain.

Roedd trenau a rheilffyrdd o ddiddordeb neilltuol iddo ac oddeutu'r blynyddoedd 1985 hyd 1990 aeth ati i greu tua deg ar hugain o luniau yn ymwneud â threnau. Fis Mehefin 1988, enillodd wobr bwysig mewn cystadleuaeth a drefnwyd gan Gymdeithas y Trenau Prydeinig i ddathlu pen-blwydd Gorsaf Crewe yn 150 mlwydd oed. Mae'r llun buddugol yn un o'i gampweithiau hynotaf ac enillodd glod gan feirniaid rhyngwladol (llun o injan enwog y *Mickey Mouse*).

Yn dilyn y cyfnod hwnnw, wynebodd gyfnod o iselder ysbryd. Roedd bob amser yn greadur dwys ei feddyliau. Bu'n rhaid disgwyl tan 2005 cyn i'r awen ddychwelyd i'w bri. Y tro hwn roedd ei frwdfrydedd yn ysgubol a dilynodd weledigaeth newydd ac eglur ynglŷn â'i arddull a'i nod. Nid oedd gwyro arno ac ni roddodd ystyriaeth i greu lluniau yn ymwneud â dim heblaw y chwareli llechi. O fewn dwy flynedd roedd wedi creu bron i ddeg ar hugain o luniau newydd ar gyfer ei arddangosfa gyflawn gyntaf yng Nglynllifon ac yn 2007 eto ddeg ar hugain o luniau ar gyfer Oriel Môn. Ddwy flynedd yn ddiweddarach yn ystod Mehefin 2009 gwelwyd penllanw ei yrfa pan arddangoswyd 60 o'i luniau yn Oriel Ynys Môn ac erbyn hyn roedd yr arddull wedi esblygu. Roedd mwy o oleuni yn y cefndir ac roedd y llinellau a'r ffiniau yn fwy siarp. Efallai bod hynny yn adlewyrchu ei frwdfrydedd newydd a'i ddehongliad o'r hanes oedd dan sylw. Roedd y lluniau diweddaraf yn adlewyrchu yr agweddau mwyaf positif ar fywyd y chwarelwyr ac yn cyferbynnu gyda'i luniau cynharaf a oedd yn ei eiriau ei hun yn cyfleu agweddau 'clostroffobaidd' y gymdeithas chwarelyddol.

Rhwng 2007 a 2010 gwerthwyd llawer o'i luniau yng Ngaleri Koywood, Caerdydd. Yn ystod Ebrill 2010, cyflwynodd arddangosfa gyflawn yno. Bu ffydd Rhian Koy (cyfarwyddwr-berchennog yr oriel) yn hwb i'w hyder. Yn ystod y cyfnod hwn hefyd gwerthwyd nifer o'i luniau yng Ngaleri y Capel yn Llangollen. Daeth galw cynyddol am ei waith ac roedd y lluniau a oedd yn portreadu cymeriadau'r gymdeithas yn dod yn fanylach. Mae'r wynebau yn dod yn fyw a thrwy hynny gellir darllen y personoliaethau yn y darluniau. Gwerthwyd triptych (triawd cydlynol) a luniodd i brynwyr o Tseina. Mae'r defnydd o'r arddull impasto yn cryfhau'r lluniau. Gosodir haenau o olew ar ben ei gilydd gyda'r gyllell fechan gyda'r pwyslais ar y llwyd, glas a phiws. I mi'n bersonol, roedd ei luniau o gymeriadau'r caban a'r sêt fawr (y blaenoriaid) yn fythgofiadwy ac yn dal awyrgylch yr achlysur. Maent yn adlewyrchu ei genedlgarwch a'i falchder yn ei wreiddiau. Roedd Ifor yn hoff o drafod pobl, ambell dro yn bositif ac ambell dro yn feirniadol. Roedd ei allu i fod yn ddadansoddol yn sicr o fod yn un o'r rhesymau pam na allai fodloni ar ddarlun oni bai ei fod yn gyflawn orffenedig.

Fel pob artist talentog nid oedd gwerth ariannol ei greadigaethau o unrhyw bwys iddo ac roedd ei ddiffyg brwdfrydedd dros farchnata ei waith yn cadarnhau hynny. Roedd ffraethineb sych a chwmnïaeth dda yn ffactor bwysig yn ei fywyd personol. Bydd colled enfawr ar ei ôl ymhlith ei deulu, yn ogystal â'i ffrindiau o fewn cylch hwyliog Tremadog. Gadawodd inni etifeddiaeth greadigol unigryw. Er na fu'n wirioneddol gynhyrchiol hyd nes cyrraedd ei chwe degau, gosododd safonau aruchel i'w waith. Drwy gyfrwng y llyfr hwn ceir cronicl arhosol o rai o'i gampweithiau. Diolch i Wasg Carreg Gwalch am gyflwyno'r deyrnged hon er cof am ei grefft ddihafal.

Gari Wyn
Ceir Cymru

INTRODUCTION

When Ifor Pritchard died at the beginning of winter 2010 he had reached the zenith of his re-invention as an artist. He had started to create his oil paintings of Snowdonia quarrying life a scant six years before, and within that time he used his expert ability and his vivid imagination to record the everyday occurrences, the hardships and the skills of the quarrymen. Memories of his childhood in Carmel, in the Nantlle Valley, during the forties were his inspiration. He succeeded in capturing the quarryman's life on canvas – a life, according to his own words that was 'based on work and the chapel' and his chief interest within all this was 'humanity and industry'. This explains, it would seem, why one of the obvious features and qualities of his work was the way in which he was able to convey the faces and emotional expressions of those in his pictures so effectively with a knife rather than a brush. There is no better medium with which to communicate the life and severe hardship of the slate quarries.

Ifor was multi-talented. The middle child of Robert Alun and Maggie Jane's three sons, he became a famed footballer after developing his skills on the Clwt y Foty field near the village. He won three amateur international caps for Wales as a goalkeeper. He swapped his shirt, as is traditional, with the goalkeepers of

Scotland and Ireland but he refused to do the same at the end of the game against the old enemy! He was a stubborn and single-minded character and occasionally critical and acid in his comments on the world around him. Not that he was a person full of self-belief, but when he was painting a clear confidence shone through. He lost himself completely in the process of creating and always aimed for polished perfection. If not totally satisfied with the finished work, he would choose not to show it.

He started on his career in 1964 as an art teacher after periods at the Normal College, Bangor and at Cardiff Art College. He spent almost the whole of his career as head of art at Ysgol Syr Hugh Owen, Caernarfon, until he retired in 1992. He married Gwyneth, his beloved partner, on the Saturday when England won the World Cup in 1966, and he was a dear father to Sian and Alun.

I first met 'Pritch' as a fellow teacher in Ysgol Syr Hugh in 1979. His classroom was near my room and I spent many hours marvelling at his works. He made some of them in his spare time in the storeroom, which was in a nearby alcove. My work colleagues and I were amazed at his models of aeroplanes and ships, as well as the acoustic guitars he built to his own designs. The high level of workmanship alone was a lesson to his pupils.

Trains and railways were a particular interest of his and between about 1985 and 1990 he set about creating approximately thirty pictures on the subject of trains. In June 1988 he won an important prize in a competition held by the British Train Society to celebrate the 150th anniversary of Crewe Station. The winning picture was one of his most remarkable masterpieces and won praise from the international judges (it was a picture of the famous engine *Mickey Mouse).*

Following this period he faced a period of depression. He always thought intensely. He had to wait until 2005 before the muse re-energised him. This time round his enthusiasm swept all before it and he followed a new and clear vision about his style and subject. He did not deviate and concentrated on creating pictures of the slate quarries only. Within two years he had created nearly thirty new pictures for his first complete exhibition in Glynllifon and in 2007 another thirty pictures for Oriel Môn. Two years later saw the peak of his career, in June 2009, when he exhibited sixty of his pictures in Oriel Ynys Môn and by this time the style had evolved. There was more light in the background and the lines and edges were sharper. Maybe this reflected his new enthusiasm and his interpretation of the history in question. The latest pictures reflected the more positive aspects of the quarrymen's lives and contrasted with the earlier pictures which, by his own admission, conveyed claustrophobic aspects of quarrying society.

Between 2007 and 2010 many of his pictures were sold at Koywood Gallery, Cardiff. During April 2010 he presented a full exhibition there. Rhian Koy (director-owner of the gallery) gave a boost to his confidence. During this period many of his pictures were also sold at the Capel Gallery, Llangollen. There was an increasing demand for his work and the pictures that were portraits of characters in the community became more detailed. The faces come alive and one can see the personalities in the images. He sold a triptych (a set of three works) he had painted to a Chinese buyer. His use of the impasto style strengthens the pictures. Layers of oil paint are placed on top of each other with a small knife, with an emphasis on grey, blue and purple. To me personally, his pictures of characters from the quarry canteen and the 'sêt fawr' (the deacons) are memorable and capture the atmosphere of the occasion. They reflect his patriotism and his pride in his roots. Ifor liked to discuss people, sometimes positively and sometimes critically. His ability to be analytical was certainly one of the reasons why he was never satisfied with a picture unless it was completely finished.

Like every talented artist the monetary value of his creations was not important to him and his lack of interest in marketing his work confirms this. Dry humour and good company were important factors in his personal life. With his passing there will be an enormous loss amongst his family, as well as his friends within a jolly circle in Tremadog. He left a unique creative heritage. Even though he did not reach his productive peak until he was in his sixties, his work was of the highest calibre. This book gives us a permanent record of his masterpieces. May I thank Gwasg Carreg Gwalch for producing this testament in memory of his unequalled craft.

Gari Wyn
Ceir Cymru

Y TYDDYN

Yr adeg yma gweithiai Robert Griffith Roberts yn Chwarel Maenofferen, yn creigio o dan y ddaear. I gyrraedd ei waith dilynai lwybr o'i dyddyn ar draws y ffriddoedd i lawr i Gwm Teigl, croesi ffordd y Cwm ac anelu am 'Teigl Halt', fel y gelwid yr arhosfan fechan oedd wrth Teiliau Bach. Yno daliai y 'Trên Gweithiwrs' o Drawsfynydd i'r Blaenau, a hynny tua 6.15 yn y bore.

Wedi cyrraedd y Blaenau roedd o wedyn eisiau cerdded o orsaf y trên tua hanner y ffordd i fyny Ceunant y Diffwys cyn cyrraedd Chwarel Maenofferen a'i waith. Ar ddiwedd ei ddiwrnod gwaith am 4.00 o'r gloch daliai y 'trên gweithiwrs' am oddeutu 4.30 yn ôl i 'Teigl Halt' ac yna y llwybr i'w dyddyn.

'Cerdded i'r Chwarel', Emrys Evans, Rhamant Bro 27, *Gaeaf 2008*

THE SMALLHOLDING

Robert Griffith Roberts worked at this time in the Maenofferen Quarry, working underground at the rock face. To get to work he followed a sheep-walk from his smallholding down to the Teigl Valley, crossed the valley road and headed for Teigl Halt, as they called the small platform by Teiliau Bach. There he caught the 'Workers' Train' from Trawsfynydd to Blaenau, and all this at 6.15 in the morning.

After reaching Blaenau he then had to walk from the railway station, about half way up Diffwys Gorge, before reaching work at Maenofferen Quarry. At the end of his working day at 4 o'clock he caught the 'Workers' Train' at about 4.30 back to Teigl Halt and then walked the path back to his smallholding.

'Walking to the Quarry', Emrys Evans, Rhamant Bro 27, *Winter 2008*

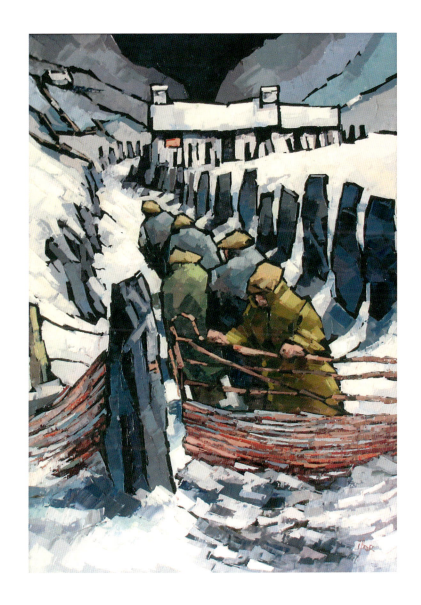

A thoc caf wrando tramp y traed
Ar dal y bont yn curo,
Pob troed ar gyrch i frwydr ddi-waed
Rhwng llechi'r gwaith a'i ddur o,
I ennill bara dan wg y graig.
A bwrw y diwrnod dan wg y graig.

*'Yr Afon', Caradog Pritchard, Canu Cynnar,
Hughes a'i Fab, Wrecsam, 1937*

Just now you'll hear the tramp of feet
Along the bridge top pounding,
Each one attacks in bloodless clash
Between the slate and steel,
To wrench a living from glowering rock.
Spending each working day under its scowl.

*'The River', Caradog Pritchard, Canu Cynnar,
Hughes a'i Fab, Wrexham, 1937*

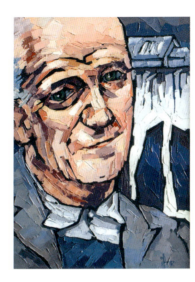

Yn yr haf pan fo'r dydd ar ei hiraf, yn ystod wythnosau y cynhaeaf gwair holl bwysig, byddai Robert Griffith yn codi rhwng 3.00 a 4.00 o'r gloch y bore ac yn rhoi dwy awr i ddwy awr a hanner o ladd gwair hefo pladur cyn cael brecwast a chychwyn am y chwarel i ddechrau gweithio yno am 7.00 o'r gloch.

'Llety Gwilym', Rhamant Bro 27, Gaeaf 2008

In the long days of summer, at the crucial haymaking time, Robert Griffith would get up at 3 or 4 o'clock in the morning and put in two to two-and-a-half hours' grass-cutting with a scythe before breakfast, and then go off to the quarry in time to start work at 7 o'clock.

'Gwilym's Lodgings', Rhamant Bro 27, Winter 2008

Ni byddaf yn siŵr pwy ydwyf yn iawn
Mewn iseldiroedd bras a di-fawn.

Mae cochni fy ngwaed ers canrifoedd hir
Yn gwybod bod rhagor rhwng tir a thir.

Ond gwn pwy wyf, os caf innau fryn
A mawndir a phabwyr a chraig a llyn.

'Cynefin', T. H. Parry-Williams,
Tyddynnod y Chwarelwyr, Dewi Tomos,
Gwasg Carreg Gwalch, 2004

I'm not sure at all of who I am
In broad and peatless lowlands.

For centuries my blood has known
There is more between land and land.

But I know who I am if I have a hill
And peat and rushes and rock and a lake.

'Home Place', T. H. Parry-Williams,
Tyddynnod y Chwarelwyr, Dewi Tomos,
Gwasg Carreg Gwalch, 2004

Dyma fel mae Mathonwy Hughes, mewn cywydd, yn disgrifio hyn pan yn sôn am gymeriad arall:

'Codai'r glew cyn codi o'r gwlith,
Cyn erlid y cynnarwlith,
I waedu'r waen gyda'r wawr,
Torrai, cyn brecwast, deirawr.'

Wedi gorffen ei ddiwrnod yn y chwarel am 4.00 o'r gloch ac yna cael te, rhaid wedyn oedd ail-afael yn y cynhaeaf gwair – ac os oedd y tywydd yn ffafriol dal ati nes ei bod hi'n nosi. Gwaith a gwely oedd hi'n bennaf ym misoedd Gorffennaf ac Awst – a digon ychydig o'r gwely.

'Llety Gwilym', Rhamant Bro 27, Gaeaf 2008

This is how Mathonwy Hughes describes this, in verse, when speaking of another character:

'He stoutly rises before the dew does,
Before the early dew is driven off,
To redden the moor with dawn,
He cuts, before breakfast, for three hours.'

He finished his day in the quarry at 4 o'clock and then had tea; he then had to get to grips again with the haymaking – and if the weather was favourable he carried on until nightfall. Work and sleep were paramount during the months of July and August – and there was precious little sleep.

'Gwilym's Lodgings', Rhamant Bro 27, Winter 2008

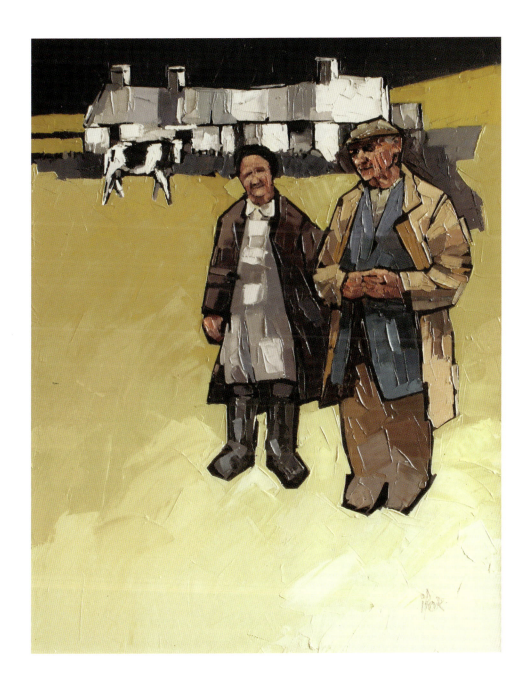

Yn hwyr y dydd dôi gŵr i'w dyddyn,
A mawr fwynhau syml foethau'i fwthyn . . .

Dyfyniad o 'Cwm Carnedd', Gwilym R. Tilsley,
Y Glöwyr a Cherddi Eraill, *Llyfrau'r Dryw, 1958*

He returns late in the day to his smallholding,
And enjoys the riches of his simple cottage . . .

Extract from 'Carnedd Valley', Gwilym R. Tilsley,
Y Glöwyr a Cherddi Eraill, *Llyfrau'r Dryw, 1958*

. . . Cyn troi i Salem i sŵn emyn
Neu droedio i aelwyd lle dôi'r delyn;
Cymhennu cae, minio cŷn – gorffwyso,
Neu droi i rodio erwau'r rhedyn.

Dyfyniad o 'Cwm Carnedd', Gwilym R. Tilsley,
Y Glöwyr a Cherddi Eraill, *Llyfrau'r Dryw, 1958*

. . . Before going to Salem and the sound of hymns
Or heading for the hearth and harp;
Tidying fields, sharpening chisels – resting,
Or turning to walk acres of bracken.

Extract from 'Carnedd Valley', Gwilym R. Tilsley,
Y Glöwyr a Cherddi Eraill, *Llyfrau'r Dryw, 1958*

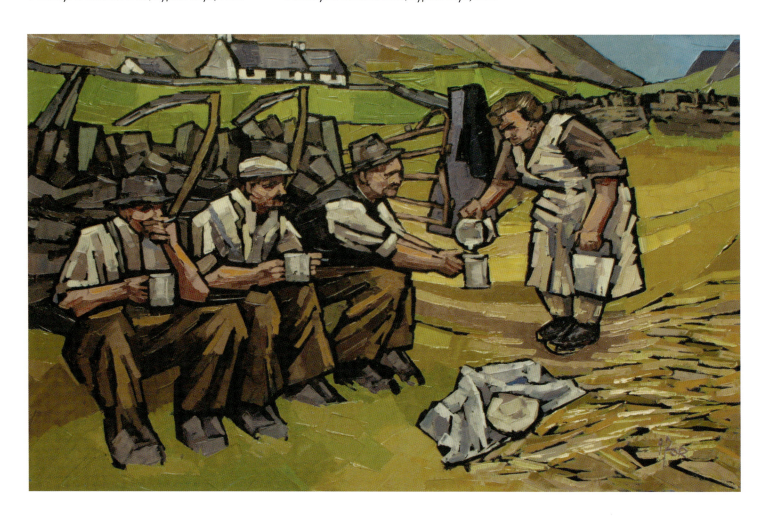

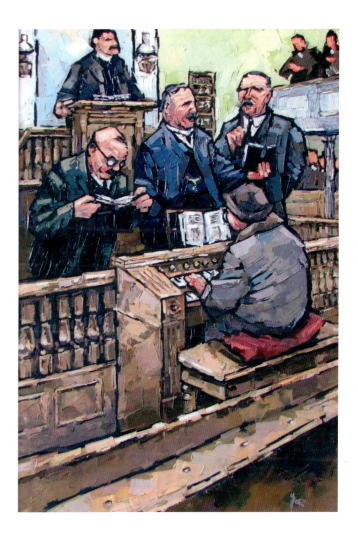

Y CAPEL

Nid oedd yn y pen draw ond dau ysgogydd yn ei fywyd, – y capel, a dwyn ei blant i fyny yn y manteision gorau . . .

W. J. Gruffydd, Hen Atgofion, Aberystwyth, 1936

THE CHAPEL

In the long run there were only two motivators in his life, – the chapel, and bringing his children up to their best advantage . . .

W. J. Gruffydd, Hen Atgofion, Aberystwyth, 1936

Waeth i ble y trof fy wyneb
    Yn y plwy,
Nid oes groeso na sirioldeb
    Imi mwy.
Colli cyfaill ar ôl cyfaill
    Wnaf o hyd,
Rwyf yn unig, er fod eraill
    Yn y byd.

It matters not where I turn
    In the parish,
There's no welcome or happiness
    For me anymore.
Losing friend after friend
    For ever,
I am lonely, though there are others
    In the world.

'*Llwybrau Unig*', Casgliad o Ddywediadau Ffraeth ynghyd ag Englynion a Phenillion, *William Griffiths, Hen Barc, Bangor, 1940*

'*Solitary Paths*', A Collection of Jocular Sayings together with 'Englynion' and Verses, *William Griffiths, Hen Barc, Bangor, 1940*

Aeth T.R., hen chwarelwr, at y meddyg gan gwyno fod ei wynt (anadl) yn fyr. Wedi ei archwilio, gofynnodd y meddyg iddo faint oedd ei oed.

'Bron yn 80 mlwydd,' meddai T.R.

'O,' meddai'r doctor, 'peidiwch poeni y'ch bod yn methu cael y'ch gwynt, mi rydach chi mewn oed.'

'Ydw siŵr,' sylwodd T.R., 'ond fedra'i ddim gneud heb fy ngwynt faint bynnag fydd fy oed i 'da chi'n gweld.'

O. R. Williams, *Wagenaid o Straeon,*
Gwasg Tŷ ar y Graig

T.R., an old quarryman, went to the doctor complaining of shortness of breath. After examining him, the doctor asked how old he was.

'Almost eighty,' said T.R.

'Oh,' said the doctor, 'don't worry about being a bit short of breath, you're quite old.'

'I know I am,' commented T.R., 'but you see I can't do without my puff no matter how old I am.'

O. R. Williams, *Wagenaid o Straeon,*
Gwasg Tŷ ar y Graig

Tyfodd y mân bentrefi ar gyrion y mynydd gyda'u lliaws gapeli a siopau, a phan ym 1840 y daeth y post ceiniog a galw am enw derbynniol i bob ardal, yr hyn a wnaed oedd dewis enw y capel Ymneilltuol cryfaf yn yr ardal, a dyna sut y cafodd pentrefi megis Carmel, Cesarea, Nebo a Nasareth eu henwau ac y bu i ni golli cyfleusterau i ddwyn enwau persain i liaws o fannau a oeddynt yn rhyfeddol foel a llwm eu henwau wedi'r dewis!

Dyfyniad gan R. Alun Roberts,
Tyddynnod y Chwarelwyr, Dewi Tomos,
Gwasg Carreg Gwalch, 2004

The scattered villages teeming with chapels and shops grew along the mountain's skirts and when the Penny Post arrived in 1840 there needed to be a name for each settlement. They used the name of the strongest Dissenting chapel in the vicinity, and that is how places such as Carmel, Cesarea, Nebo and Nasareth were named, and an opportunity was never missed to appropriate a multitude of melodious names and give them to places that were awfully bare and bleak!

Quotation from R. Alun Roberts,
Tyddynnod y Chwarelwyr, Dewi Tomos,
Gwasg Carreg Gwalch, 2004

Capel mawr a weli – ar y Sul
    Tyrrai'r saint i'w lenwi;
    Heddiw nid oes i'w noddi
    Yn ei dranc ond dau neu dri.

Dyfyniad o 'Cwm Carnedd', Gwilym R. Tilsley,
Y Glöwyr a Cherddi Eraill, *Llyfrau'r Dryw, 1958*

You will see the great Chapel – on Sunday
    Crowds of saints filled it once;
    Today it's not uncommon
    To see there but two or three.

Extract from 'Carnedd Valley', Gwilym R. Tilsley,
Y Glöwyr a Cherddi Eraill, *Llyfrau'r Dryw, 1958*

HEN GAPEL

Emyn na chri gweddïau – ni ddaw mwy
　　Oddi mewn i'w furiau,
　A'r drws lle rhoed yr iasau
　I'n tadau gynt wedi'i gau.

Englyn gan H. Meirion Huws, Tyddynnod y Chwarelwyr,
Dewi Tomos, Gwasg Carreg Gwalch, 2004

OLD CHAPEL

A hymn or the cry of prayer – no more came
　　From within its four walls,
　And the door through which our forefathers
　Received their thrills has been closed.

An 'englyn' by H. Meirion Huws, Tyddynnod y Chwarelwyr,
Dewi Tomos, Gwasg Carreg Gwalch, 2004

Y CHWAREL

Mae'r babi bach
'Di tyfu'n ddyn
A dyma wawrio'r
Dyddiau blin;
Mae rhywbeth trwm yn sŵn ei droed
Ar ôl diddymu Pennant Lloyd.

Bargen, *Theatr Bara Caws, Llanrwst, 1995*

THE QUARRY

Little baby
Becomes a man
And so arrives
Galling days;
There's something heavy in his tread
Since abandoning Pennant Lloyd.

Bargen, *Theatr Bara Caws, Llanrwst, 1995*

RYBELWR BACH

Yng nghwmni'i dâd i'r chwarel
Yn llon cychwynnodd Ned,
Mewn crysbas liain newydd
A throwsus melfared;
Meddylia'i hun yn rhywun,
Ni theimlai'i draed ar lawr,
Er cymaint ydoedd pwysau
Ei 'sgidiau hoelion mawr.

Fe gafodd gan y gweithwyr
Dderbyniad siriol iach,
A phawb yn gwneud eu goreu
I helpu'r 'Belwr Bach;
Bu rhywun garediced
Ag estyn iddo glwt,
A buan daeth yn holltwr
A naddwr digon twt.

Bu wrthi drigain mlynedd
Yn hollti'r lechen lâs
A heliodd bunnoedd lawer
I logell gŵr y Plas;
Mae heddyw yn y gornel
O unffurf sŵn y shed
Heb obaith byth cael gwisgo
Ei drowsus melfared.

William Griffiths, 'Yr Hen Barc',
Bys a Phert, *Gwasg y Bala, 1928*

THE APPRENTICE QUARRYMAN

To the quarry with his father
Ned happily began,
In a jacket of new cloth
And corduroy trousers;
He thought that he was someone
His feet didn't touch the ground,
Even though they were so weighty
In mighty hobnailed boots.

He had from all the workers
A cheery welcome in,
And they all did their level best
To help the new 'Prentice
A man was kind enough to
Offer him a block,
And he became a splitter
And a tidy carver too.

He was at it sixty years
Splitting the blue slate
And amassing many a pound
In interest for the quarry owner
Today he's in the corner
Away from the shed's din
No hope of ever wearing
His corduroy trousers.

William Griffiths, 'Yr Hen Barc',
Bys a Phert, *Gwasg y Bala, 1928*

Ar rimyn uwch dibyn, â'i ebill
Hulia dwll i'r pylor,
Hen grefft gywrain y graig.

Awdl 'Y Chwarelwr', Lisi Jones,
Swper Chwarel, *Caernarfon, 1974*

On a ledge above a drop, his bit
Makes a hole for the powder,
Such old, skillful rockcraft.

Ode 'The Quarryman', Lisi Jones,
Swper Chwarel, *Caernarfon, 1974*

Yna'r ebwch o'r corn yn rhybudd
I ffoi a 'mochal ffiar',
Rhy ffagl ar y ffiws;
Â'r gwŷr i ochel cyn i'r gwreichion
Ennyn y powdwr a'i danio.

Awdl 'Y Chwarelwr', Lisi Jones,
Swper Chwarel, *Caernarfon, 1974*

There's a sudden sound from the klaxon
To flee to the firing-shelter,
Too much flame on the fuse;
As the men steer clear before the sparks
Ignite the powder and fire it.

Ode 'The Quarryman', Lisi Jones,
Swper Chwarel, *Caernarfon, 1974*

Y gŵr cyhyrog, pencampwr clogwyn
A esgyn yn heini 'i osgo
I'w grefft ar ystlys y graig;
Gwna'n saff bod y rhaff yn rhwym.

Awdl 'Y Chwarelwr', Lisi Jones, Swper
Chwarel, *Caernarfon*, 1974

The muscular man, champion of the cliff
His bones give him a flexible poise
In his craft on the rock's flanks;
He make sure the rope is safe.

Ode 'The Quarryman', Lisi Jones, Swper
Chwarel, *Caernarfon*, 1974

Llechen yn tincial sydd falm i'r galon,
Yn aur gloch ar ei glyw;
A diau dan hud y dewin,
Ei allu i drin y gyllell
Yn rhoi ansawdd i'r Prinsis,
A'r Cowntis a'r Dytsis yn datsain.
Yna'i dasg fesul mwrw eu dwyn
I'r cei megis saffir coeth.

Awdl 'Y Chwarelwr', Lisi Jones, Swper Chwarel,
Caernarfon, 1974

The ring of splitting slate is balm to the heart,
A golden bell to hear;
And under the wizard's magic,
He can regulate the cutter
To turn out a good, ringing
Princess and Countess and Duchess slate.
Then his task with every blow transports more
Pure sapphire slates to the quayside.

Ode 'The Quarryman', Lisi Jones, Swper Chwarel,
Caernarfon, 1974

Tua chanol y ganrif o'r blaen bu galw enfawr am lechi to yn ystod y Chwyldro Diwydiannol ym Mhrydain ac mewn gwledydd tramor; tyfodd trefi diwydiannol a phorthladdoedd Prydain â sydynrwydd syfrdanol a bu chwyddiant mawr yn y farchnad llechi to. Bu galw hefyd am lechi ar gyfer llu o bethau eraill tebyg i gerrig beddau, cof-golofnau, siliau ffenestri, palmantau, byrddau biliard a llechi-ysgrifennu ysgolion. Yn y cyfnod hwnnw nid oedd fawr gystadleuaeth oddi wrth deils clai, nac oddi wrth unrhyw ddefnyddiau toi eraill, ac ni ddechreuwyd mewnforio llechi tramor tan 1895.

'Y Diwydiant Llechi', B. L. Davies, Atlas Sir Gaernarfon,
Cyngor Gwlad Gwynedd, 1977

About the middle of the previous century there was an enormous demand for slate during the Industrial Revolution in Britain and in countries overseas; the industrial towns and ports of Britain grew with astonishing speed and there was a huge expansion in the market for roofing slate. There was also a demand for slate for a range of other uses: gravestones, memorials, windowsills, pavements, billiard tables and writing-slates for schools. In this period there was little competition from clay roof tiles, or from any other roofing material, and the import of foreign slate did not begin until 1895.

'The Slate Industry', B. L. Davies, Atlas Sir Gaernarfon,
Cyngor Gwlad Gwynedd, 1977

Myned i'r un tomennydd agored,
    Myned i'r un mynydd;
    Myned i hollt min y dydd
    O'r un tai drwy'r un tywydd.

Dyfyniad o 'Llanw a Thrai', Ieuan Wyn, Gwasg Gwalia, 1989

He went to the same open slate spoil tips,
    He went to the mountain;
    Went to the slit of daybreak
    From the same houses in the same weather.

Extract from 'Ebb and Flow', Ieuan Wyn, Gwasg Gwalia, 1989

Mae'i oriau'n hir am fymryn o arian,
Heb gerrig rhywiog ond styfnig grawan;
Dim, ond rwbel y doman.

Dyfyniad o 'Y Chwarelwr', *Emrys Roberts*

They're long hours to earn a pittance,
Without easy rock, only stubborn slabs;
Nothing, but waste for the tip.

Extract from 'The Quarryman', *Emrys Roberts*

Rhedeg ar ei hôl hi; Yn pydru mynd; Yn bwrw drwyddi; Wedi cadw'i ben y mis hwn; Ddoe ddwytha'n y byd; Llythyr heb ei agor ydyw yfory; Rhoddi ei gerrig i fyny; Tros ei ben a'i glustiau mewn gwaith; Tynnu'r bwrdd o'i afael; Rhoddi'r bwrdd yn ei afael; Mor ddigywilydd â wagen gynta'r run: Yn wlyb domen dail; Mae deilen at bob dolur; Mewn byd yn mynd a'r wagen; Wedi codi arno; Talu'n ddrud am ei ddysgu; Yn clensio'r gwirionedd adref; Waeth dweud wrth garreg a thwll ynddi; Mae'r Moelwyn yn gwisgo'i gap; Fel naid y gannwyll; Fe ddaw hi ato yntau rhyw ddydd Gwener; Yn siarad fel injian hogi; Cnuf y ddafad farw; Yn chwysu wrth hel beiau; Yn gogr-droi wrth ffidlan; Bob yn ail y mae'r dail yn dod; Yn bwrw glaw fel o grwc; Claddu'r sgwrs o dan garreg yr aelwyd; Y fuwch uchai'i bref sydd brinna'i llaeth; Un sâl ar y naw; Dyn di-afael; Yn gweld dim pellach na'i drwyn; Rhoi caead ar ei biser o; Bwyta gwellt ei wely; Yn denau fel brân; Fel cath yn

llyfu'r pentan; Slediad fel gwêr; Cerrig caled fel haearn Sbaen; Cerrig fel tywyrch; Hen garpan o slediad sâl; Cerrig mân fel tatws; Ar gefn ei geffyl; Gafael mochyn; Ffraeo fel dau dincer; Rhaid cael golau dydd i bigo brethyn; Mae ei ben mor galed a chneuen wag; Mae gan foch bach glustiau mawr; Os glaw ddydd Sadwrn – glaw at yr asgwrn; Curo haearn poeth â morthwyl pren; Dyn a adweinir wrth ei waith; Ceiniog annheilwng a aiff â dwy gyda hi; Bore i bawb pan godo; Goleuo dau ben i'r gannwyll; Mynd yn araf fel hers mewn cynhebrwng; Yn ddigywilydd fel talcen tas; Mynd a'r maen i'r wal; Yn well na'i olwg; Yn berwi o slipiau; Yn grych i gyd; Mor oer

â chynffon oen; Mor ddwl â hesbwrn; Fel pen dafad; Fel lleuen ar gast-steel; Crefydd gwadnau traed; Dal ar ei linyn; Yn blwmp ac yn blaen; Dim dyrnaid o bobl yno; Ei gar ar ei gefn; Darllen rhwng y llinellau; Rhywbeth yn debyg; Menyn â blas hir hel arno; Gorau eli – menyn gwyrdd; Dyn a'i lygaid yn ei ben; Yn chwipio rhewi; Fel haul mis Mawrth; Dim gylfiniad o de; Yfed o ar ei dalcen; Siarad pymtheg yn y dwsin, &c., &c.

Brawddegau Llafar Gwlad a glywir gan Chwarelwyr ein henfro/
Rural verbal expressions heard from Quarrymen of our old neighbourhood

Yr oedd o a'i bartner wedi bod yn gweithio ar y graig trwy'r bore. Pan ddaeth yn ganiad awr ginio daethant i lawr oddi ar y rhaff a cherdded ar hyd y bonc at y caban cinio. Ar y ffordd tynnodd fy nhad ei getyn o'i boced, arhosodd ennyd a gwyro i danio matsen ar y graig. A'r foment honno cwympodd crawen o'r bonc uwchben a'i daro'n gelain. Nid oedd ond 34 mlwydd oed.

Caradog Pritchard, Afal Drwg Adda, *Gwasg Gee, 1973*

He and his partner had been working on the rock all morning. When the lunchtime bell sounded they came down on the rope and walked along the gallery to the quarrymen's canteen. On the way my father took his pipe out of his pocket, stopped for a moment and leaned over to strike a match on the rock. At that moment a slab of rock fell from the gallery above and killed him. He was only 34 years old.

Caradog Pritchard, Afal Drwg Adda, *Gwasg Gee, 1973*

Yr oedd W–. yn tyllu gyda jumper ar y graig, ac ymhen spel dechreuodd ei 'gorddi', fel y dywed creigwyr. Gwelodd lygoden fawr yn cerdded ar y graig gerllaw iddo, ond yr oedd yn hen gynefin â bod ynghanol llygod! Ymhen rhyw awr teimlodd rywbeth oer ar ei glun, a meddyliodd fod y llygoden wedi mynd trwy waelod ei drowsus, fel y gwelwyd rhai weithiau. Yn ei ddychryn curodd ei drowsus efo coes y morthwyl, ond er ei fraw, canfu mai curo ei watch oedd ym mhoced ei drowsus â wnaeth!

J. W. Jones, Y Fainc Sglodion, *Blaenau Ffestiniog, 1953*

W— was drilling with a 'jumper' on the rock, and after a while it began to 'churn', as the quarrymen say. He saw a rat walking along on the rock near him, but he was well used to being amongst rats! After about an hour he felt something cold on his thigh, and he thought the rat had gone up his trousers, as you see them do sometimes. In his fright he whacked his trousers with the handle of his hammer, but to his horror he realised he'd hit his watch, which was in his trouser pocket!

J. W. Jones, Y Fainc Sglodion, *Blaenau Ffestiniog, 1953*

Egni llaw iach ym mhlygion y llechwedd,
Cowjio y meini, bras-hollti brwd;
Llwytha'n egnïol o dan orfoledd
Eurffrwd yr haul ar offer di-rwd.

Dyfyniad o 'Y Chwarelwr', *Emrys Roberts*

Full of energy in the folds of the slate,
Gouging the stones, fervent rough-splitting;
Ecstatic and energetic loading
Golden sunbeams on tools free from rust.

Extract from 'The Quarryman', *Emrys Roberts*

Yr hen, hen enwau, mor hudolus yn awr,
Fel yn yr amser gwyn a fu,
Penffynnon Wen, Samaria, Cae Aeronwy,
Llwyn Gwalch, Bryn Neidr a Phant Du.

'Llwybrau Lleu', *Griffith John Roberts*

The old, historic names, as magical now,
As in the golden age that was,
Penffynnon Wen, Samaria, Cae Aeronwy,
Llwyn Gwalch, Bryn Neidr and Pant Du.

'Paths in Open Country', *Griffith John Roberts*

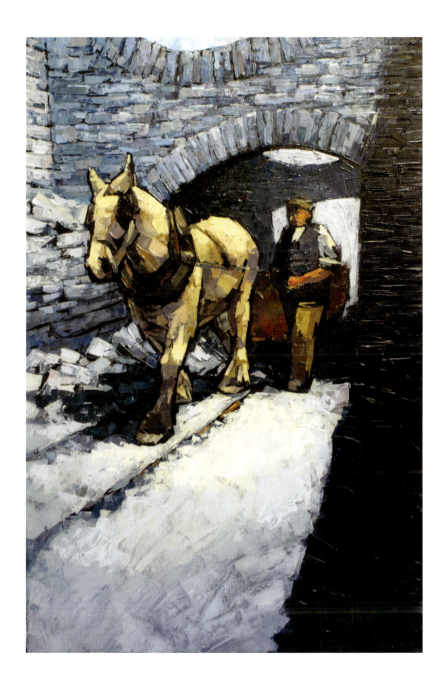

Ei gorff styfnig yn sigo – ôl naddiad
    Y blynyddoedd arno;
   A wêl yr eiddil ddwylo
   A ŵyr gost ei gerrig o.

Dyfyniad o 'Y Chwarelwr', *Emrys Roberts*

His stubborn body shakes – after the years
    Have sculpted themselves there;
   Those who see his crippled hands
   Know the human cost of rock.

Extract from 'The Quarryman', *Emrys Roberts*

Roedd un o'r chwarelwyr wedi brifo a hwnnw yng ngwaelod un o'r tyllau. Bu raid anfon am y meddyg a'i roi mewn wagen i fynd i lawr i'r twll. Gyda'r meddyg yn eistedd yn y wagen, gofynnodd un o'r chwarelwyr iddo –

'Pe bai rhywbeth yn digwydd i chi wrth fynd i lawr, Doctor, pwy ydy'ch doctor chi?'

Ond cyn iddo ateb, dyma lais o'r tu ôl iddo –

'Fydd dim angen doctor arno, 'machgen i – dim ond sach i'w hel yn y gwaelod.'

Llond Wagan o Chwerthin, gol. Ifan Glyn,
Llyfrau Llais, Penygroes 2006

One of the quarrymen had hurt himself at the bottom of one of the shafts. They had to send for a doctor and put him in a wagon to go down the shaft. When he was sitting in the wagon, one of the quarrymen asked him –

'If something happens to you on the way down, Doctor, who's your doctor?'

But before he could answer, there came a voice –

'There'll be no need to get him a doctor, my lad – just a sack to collect the bits at the bottom.'

Llond Wagan o Chwerthin, ed. Ifan Glyn,
Llyfrau Llais, Penygroes 2006

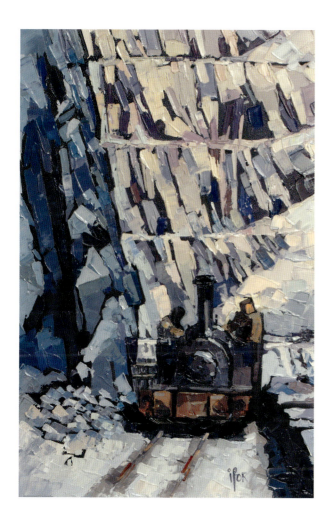

Credaf i ddau angerdd mawr ei fywyd fyrhau ei oes, er ei fod yn 77 pan fu farw yn 1929. Pan oeddid yn adeiladu'r capel costus newydd ym Methel (gyda llaw, un o'r erchyllterau adeiladol sydd mor gyffredin yng Nghymru), rhoes holl oriau ei hamdden, fel eraill o'r aelodau, i godi cerrig ato, pan ddylai orffwyso oddi wrth lafur y chwarel, ac effeithiodd hynny ar ei galon. Yn y chwarel, cyfrifid ef yn weithiwr gor-galed; nid arbedai ef ei hun ac ni chymerai funud o orffwys, oherwydd yr oedd pob eiliad yn bwysig iddo er mwyn ennill arian i addysgu ei blant – ac i ddarparu ar gyfer ei henaint. Yn wir, dyma un o'i nodweddion y synnwn fwyaf ati; ni feddyliodd erioed y buasai ganddo hawl i ddyfod ar ofyn ei blant ar ôl iddo ef roi'r cyfle iddynt i ennill bywoliaeth frasach nag a gafodd ei hun.

W. J. Gruffydd, Hen Atgofion, *Aberystwyth, 1936*

I believe two lifelong passions shortened his life, although he was 77 when he died in 1929. When the expensive new chapel was being built in Bethel (incidentally, one of those built monstrosities common in Wales), he put in all his free time, as did all the members, to build it when he should have been resting from his labours in the quarry, and this affected his heart. In the quarry, he was counted among the hardest workers; he never spared himself nor took a minute's rest, as every minute was important to him so he could earn money to educate his children – and to provide for his old age. Truly, this was one of his features that amazed me most; he never once thought he had a right to come knocking to his children after he had enabled them to live a richer life than he himself had.

W. J. Gruffydd, Hen Atgofion, *Aberystwyth, 1936*

Digwyddai D.P. fynd heibio chwarelwr ar y bonc heb ddim am ei ben, ac yn bur foel.

'Dyro rwbath am dy ben yn lle dangos corun fel lleuad llawn,' meddai D.P.

'Hym,' atebodd T.D., 'ma' 'na ben yn siarad rŵan na fydd o byth yn llawn.'

O. R. Williams, Wagenaid o Straeon, *Gwasg Tŷ ar y Graig*

D.P. happened to pass a quarryman on the gallery without anything on his head, and entirely bald.

'Put something on your head instead of showing your pate like a full moon,' said D.P.

'Hmm,' answered T.D., 'there speaks a mouth in a head that will never be full.'

O. R. Williams, Wagenaid o Straeon, *Gwasg Tŷ ar y Graig*

Edward Jones – 'Ned Pwyswr' yn y chwarel, a 'Ned Go Lew' ar dafodau anystyriol yr ardal – a oedd wrth y drws. Collasai Edward Jones ei fraich dde mewn damwain yn Nhwll Dwndwr, un o dyllau mwyaf y chwarel, rai blynyddoedd cyn hynny. Cafodd waith wedyn yng ngwaelod y chwarel i bwyso'r wagenni o rwbel ar eu ffordd i Domen y Llyn. Efallai mai ei anffawd ei hun a wnaeth Edward yn rhyw fath o noddwr answyddogol yn yr ardal. Pan ddygai damwain neu afiechyd eu trallod i deulu tlawd, dyna Edward Jones yn tynnu ei lyfr bach glas o'i boced ac yn mynd o ddrws i ddrws drwy'r pentref. Ni bu neb erioed mor gynnil â'i eiriau. Cnoc ar y drws, ac yna, cyn i neb gael cyfle i'w gyfarch, 'Go lew, wir, thanciw. 'Ga' i ddŵad i mewn?' Ac yr oedd croeso iddo ymh'le bynnag yr elai, oherwydd gwyddai pawb fod gwir angen ar rywun cyn yr ymgymerai Edward Jones â'r gorchwyl o gasglu arian iddynt.

O Law i Law, *T. Rowland Hughes, Llundain, 1944*

Edward Jones – 'Ned the Weighman' in the quarry, and 'Ned OK' by the thoughtless of the neighbourhood – was at the door. Edward Jones lost his right arm several years previously in an accident in Dwndwr Shaft, one of the largest shafts in the quarry. He subsequently worked in the bottom of the quarry weighing the wagons of waste on their way to the Llyn spoil-tip. Maybe it was his own misfortune that made Edward a kind of unofficial patron in the area. Whenever an accident or sickness and the subsequent distress befell a poor family, Edward Jones would pull his little blue book out of his pocket and go from door to door throughout the village. No one was ever more economical with their words. A knock on the door and then, before anyone had a chance to greet him, 'OK, right, thanks. Can I come in?' And there was a welcome wherever he went, because people knew what real hardship there was before Edward Jones undertook to collect money for them.

O Law i Law, *T. Rowland Hughes, London, 1944*

'R ôl dyrnod drom a siomiant,
Yn ifanc fel oen ufudd
I'r chwarel â'r rybelwr,
I hela, begera am gerrig;

William Griffiths, 'Yr Hen Barc',
Bys a Phert, Gwasg y Bala, 1928

After heavy blows and let-downs,
Young like a docile lamb
The scavenger to the quarry goes,
To hunt, and to plead for stone;

William Griffiths, 'Yr Hen Barc',
Bys a Phert, Gwasg y Bala, 1928

Ni chlywir mwy o'r chwarel
Hen sŵn yr ordd a'r cŷn,
Daeth dylanwadau modern
I wella cyflwr dyn:
Darfyddodd yr hen ormes
Daeth newydd dro ar fyd,
Ond erys creithiau hen y graig
I boeni rhai o hyd.

Myfyrion Hen Chwarelwr, J. D. Evans,
Cyhoeddiadau Mei, Penygroes, 1978

You'll hear the quarry no more
The ring of mallet and chisel,
Modern progress now has come
To make their world better:
By banning old oppressions
The new has transformed life,
But old scars from the rock still lie
Paining some for evermore.

Reflections of an Old Quarryman, J. D. Evans,
Cyhoeddiadau Mei, Penygroes, 1978

Ni châi neb swydd yno fel stiwart bach neu fel gosodwr neu farciwr cerrig heb ei fod yn Eglwyswr, a throes llawer o Ymneilltuwyr i'r eglwys er mwyn cael swydd yn y chwarel, ac weithiau er mwyn cael ffarm. Yr enw a roddid ar y dewrion hyn oedd 'cynffonwyr', ac edrychid yn isel arnynt hwy a'u plant gan bawb o'u cymdogion: 'cwt us' oedd gair Thomas Roberts Jerusalem am eglwys ym Methesda a oedd yn llawn o'r bobl hyn.

W. J. Gruffydd, Hen Atgofion, *Aberystwyth, 1936*

No one could secure a position as a vice-overseer or as a 'bargain'-setter or a dressed slates-counter without being a member of the Church, and many Dissenters went to church in order to get a job in the quarry, and sometimes to get a farm. The name that these courageous souls got was 'toadies', and they were looked down on by all their neighbours: 'chaff shed' was the word Thomas Roberts Jerusalem used for the church in Bethesda that was full of these people.

W. J. Gruffydd, Hen Atgofion, *Aberystwyth, 1936*

Cafwyd damwain ddifrifol un tro a dyn wedi torri ei ddwy goes ar ôl i ddarn o graig syrthio arno. Rhedodd un o'i gyd-chwarelwyr ato a phan welodd ei fod wedi torri'r ddwy goes, meddai wrtho –

    'Aros di'n fan'na a phaid â symud nes ca i help!'

Llond Wagan o Chwerthin, gol. Ifan Glyn, Llyfrau Llais,
Penygroes, 2006

One day there was a serious accident and a man had both his legs broken by a piece of rock falling on them. One of his fellow-quarrymen ran up to him and when he saw that he'd broken both legs said to him –

    'Stay right there and don't move whilst I get help!'

Llond Wagan o Chwerthin, ed. Ifan Glyn, Llyfrau Llais,
Penygroes, 2006

Ar achlysur o anrhegu Edward Jones, Blaenywaen,
Braichmelyn, pan oedd yn myned ar ei bensiwn

Methodd rhaw a gwagen anodd,
Methodd 'craen' a'i goesau coed
Rwystro Edward Jones i gyrraedd
Blwydd-dal deg a thrugain oed.
Er blynyddau maith o ddringo
Y clogwyni perig, serth,
Y mae'n amlwg eto'n aros
Ynddo anghyffredin nerth.

Casgliad o Ddywediadau Ffraeth ynghyd ag Englynion a
Phenillion, *William Griffiths, Hen Barc, Bangor, 1940*

On the occasion of presenting a gift to Edward Jones,
Blaenywaen, Braichmelyn, when he was to receive his pension

He missed the spade and awkward wagon,
Missed the crane with its wooden legs
Edward Jones survived to reach
Payment age at seventy years.
Even after years of climbing
Faces steep and dangerous,
It's obvious that he remains
A man of uncommon strength.

A Collection of Jocular Sayings with 'Englynion' and
Verses, *William Griffiths, Hen Barc, Bangor, 1940*

Roedd hyd bywyd y rhai a weithiai yn y siediau llifio ar gyfartaledd yn 47.9 mlynedd tra gallai gyrwyr injan – oedd yn gweithio yn bellach i ffwrdd o lwch y llechi – ddisgwyl byw yn drigain. Llwch ar y frest a damweiniau oedd prif achos marwolaeth. Dyma lythyr gan Dr John Roberts, Penygroes:

My first impression regarding Welsh quarrymen is that their hard lot produces premature decay and old age . . . God turns them out a very even lot as babies; look at them above sixty as they pour out of a large quarry, and pray that the Almight may give them the sense and knowledge to understand what has produced the awful change . . . how terribly numerous are the tubercular class of affliction that produces their premature death and how frequently they die when a well fed man would recover.

Bargen, *Theatr Bara Caws, Llanrwst, 1995*

The average lifespan of some of the workers in the sawing sheds was 47.9 years, whilst engine drivers – those working further from the slate dust – could expect to live to sixty. Dust inhalation and accidents were the main causes of death. Here is a letter from Dr John Roberts, Penygroes:

My first impression regarding Welsh quarrymen is that their hard lot produces premature decay and old age . . . God turns them out a very even lot as babies; look at them above sixty as they pour out of a large quarry, and pray that the Almight may give them the sense and knowledge to understand what has produced the awful change . . . how terribly numerous are the tubercular class of affliction that produces their premature death and how frequently they die when a well fed man would recover.

Bargen, *Theatr Bara Caws, Llanrwst, 1995*

Wyt ti'n cofio'r hen gabanod
Gyda'u miri ar bob llaw,
Caban Braich a Phen y Garret,
Wyt ti'n cofio'r baned naw –
Siŵr y cofio gôr Huw Darron,
Oedd yn curo corau'r fro;
Wyt ti'n cofio Wil a Betws
Fel dau ddyn yn mynd o'u co'?

Myfyrion Hen Chwarelwr, J. D. Evans,
Cyhoeddiadau Mei, Penygroes, 1978

Do you recall the old canteens
With high spirits all around,
Braich canteen and Pen y Garret,
Recollect the tea at nine –
Remember, do, Huw Darron's choir
Beating all the other choirs;
Do you remember Wil and Betws
When the two of them lost it?

Reflections of an Old Quarryman, J. D. Evans,
Cyhoeddiadau Mei, Penygroes, 1978

Pan ganodd corn un ar ddeg, tawelodd y twll i gyd, y wagenni a'r trosolion a'r cynion a'r morthwylion, ac yn y tri munud cyn i'r corn-saethu ganu, brysiai pawb i'r cwt-ymochel. Pawb ond fy nhad: loetran wrth fy ymyl yr oedd ef, nes imi ei yrru ymaith. Gwyliais ef yn mynd yn araf, gan aros ennyd ar ei ffordd i syllu ar yr haid o frain yn hedfan tros ben y twll: gwyddent hwythau ei bod hi'n amser tanio. Clywn ddarnau o lechi yn crensio dan ei draed, ac yna peidiodd y sŵn fel y safai am foment i wylio Richard Roberts – Dic Mysterious, chwedl ninnau – yn gŵyro uwch ei ffiws yr ochr arall i'r twll.

O Law i Law, T. Rowland Hughes, Llundain, 1944

When the eleven o'clock klaxon sounded the whole shaft quietened, the wagons and crowbars and chisels and hammers, and in the three minutes before the blasting warning sounded, everyone hurried to the shelter. Everyone but my father: he was loitering near me until I sent him off. I saw him going slowly, stopping for a moment on his way to stare at a flock of crows flying across the mouth of the shaft; they knew it was blasting time. Fragments of slate were heard under his feet, and then the sound ceased as he stopped for a moment to watch Richard Roberts – Dic Mysterious, our hero – leaning over his fuse on the other side of the shaft.

O Law i Law, T. Rowland Hughes, London, 1944

Ar lwybr chwarel

Gwŷr caeth i fara'r graig hon
A'u gwinedd ynddi'n gynion,
Haf neu aeaf, yr un iau
O gerrig ar eu gwarrau.

Ond hwy, ar lwybr yr wybren,
Yn plygu, baglu i ben
Y mynydd, hwy yw meini
Conglau ein waliau – a ni,
Mor bell o gyllell y gwynt,
Yw'r naddion o'r hyn oeddynt.

Bore Newydd, *Myrddin ap Dafydd, Gwasg Carreg Gwalch, 2008*

On a quarry footpath

Men tied to this rock for bread
And their fingernails there like chisels,
Summer or winter, the same yoke
Of rock around their shoulders.

But they, on a path in the sky,
Bent, stumbling to the mountain
Top, they are the cornerstones
Of our walls – and we,
So far from the cutting wind,
Are off-cuts of what they were.

Bore Newydd, *Myrddin ap Dafydd, Gwasg Carreg Gwalch, 2008*

Yr holltwyr crefftus hyn oedd elite y chwarel yn ôl Merfyn Jones, a dyfynna nodyn o'r *Pall Mall Gazette* yn 1885:

Slate quarrying is not a matter of mere manual labour but an art which years of patient practice will hardly require … a slate-splitter is like a poet … and contends with the poet on an equal footing at the National Eisteddfod where slate-splitting, music and poetry are stock subjects of rivalry.

Darlun rhamantaidd efallai; roedd realiti bywyd y chwarelwr yn dra gwahanol.

Bargen, *Theatr Bara Caws, Llanrwst, 1995*

The skilled slate-splitters were the elite of the quarry, according to Merfyn Jones, and quotes an item from the *Pall Mall Gazette* of 1885:

Slate quarrying is not a matter of mere manual labour but an art which years of patient practice will hardly require … a slate-splitter is like a poet … and contends with the poet on an equal footing at the National Eisteddfod where slate-splitting, music and poetry are stock subjects of rivalry.

A romantic picture maybe; the reality of life for a quarryman was rather different.

Bargen, *Theatr Bara Caws, Llanrwst, 1995*

To ar ôl to fu'n tywallt
Y wawr oer i lawr yr allt;
Y dynion llwyd yn un lli
I lawr llwybrau pileri.

Dyfyniad o 'Llanw a Thrai', Ieuan Wyn, Gwasg Gwalia, 1989

Generation after generation shrugged off
The cold dawn down the slope;
The grizzled grey men flow
Down the cliffs' footholds.

Extract from 'Ebb and Flow', Ieuan Wyn, Gwasg Gwalia, 1989

Sbwriel o chwarel wedi'i chau, – a niwl
    Y nos ar y crawiau;
    A gwaith dyn fel brethyn brau
    Yn braenu rhwng y bryniau.

Dyfyniad o 'Cwm Carnedd', Gwilym R. Tilsley,
Y Glöwyr a Cherddi Eraill, *Llyfrau'r Dryw, 1958*

A wasted, disused quarry, – night fog
    Clings to the tipped slabs;
    And man's work like fragile cloth
    Rotting between the hillsides.

Extract from 'Carnedd Valley', Gwilym R. Tilsley,
Y Glöwyr a Cherddi Eraill, *Llyfrau'r Dryw, 1958*

I remember I used to go, as a boy, to meet my father from the quarry, to carry his lunchbox and eat any honey sandwiches left in the box. I felt a real man trying to march between my father and Ifan Jones, because they worked on the same gallery and walked home together almost every night.

O Law i Law, T. Rowland Hughes, London, 1944

Cofiwn fel yr awn, yn hogyn, i gyfarfod fy nhad o'r chwarel, er mwyn cael cario'i dun-bwyd a bwyta brechdan-fêl a fyddai ar ôl yn y tun. Teimlwn yn ddyn i gyd yn ceisio brasgamu rhwng fy nhad ac Ifan Jones, oherwydd yr oedd y ddau yn gweithio yn yr un bonc ac yn cerdded adref hefo'i gilydd bron bob nos.

O Law i Law, T. Rowland Hughes, Llundain, 1944

Cyraeddasant y ffordd drol a arweiniai i'r mynydd . . . Yr oedd y ffordd yn gul ac yn galed dan draed. O boptu yr oedd y grug a'r eithin, y mwsogl llaith a'r tir mawn. Yr oedd yr eithin yn fân ac ystwyth a'i flodau o'r melyn gwannaf megis lliw briallu, a'r grug cwta'n gyferbyniad iddo ef a'r tir tywyll oedd o'i gwmpas. Rhedai ffrydiau bychain o'r mynydd i'r ffordd, a llifent ymlaen wedyn yn ddŵr gloyw hyd y graean ar ei hochr. Weithiau rhedai'r ffrwd i bwll ac arhosai felly. Croesai llwybrau'r defaid yn groes ymgroes ymhob man, a phorai defaid a merlod mynydd llaes eu cynffonnau hyd-ddo. Yr oedd popeth a gysylltid â'r mynydd yn fychan – yr eithin, y mwsogl, y defaid, y merlod.

Traed Mewn Cyffion, Kate Roberts

They reached the cart track that led to the mountain . . . It was narrow and hard underfoot. All around were heather and gorse, and damp moss and peat bogs. The gorse was fine and flexible and its flowers were the palest yellow, the colour of primroses, and contrasted with the short heather and the dark earth around it. Small streams ran from the mountain to the track, and flowed onwards, the water sparkling against the gravelly banks. Sometimes the stream ran into a pool and stayed still. I crossed sheep tracks crossing and recrossing everywhere, and sheep and relaxed mountain ponies grazed, their tails swishing. Everything to do with the mountain was small – the gorse, the moss, the sheep, the ponies.

Traed Mewn Cyffion, Kate Roberts

Y PENTREF

Eisteddai Huw Pitar, Mynydd Llandegai wrth ei fargen a'i law yn dal ei ben, pan ofynnodd rhyw ddyn beth oedd yn mater arno.

'Yr hen ddeinameit 'na sydd wedi codi cur yn fy mhen i fachgan.'

'Wel taw! 'Dydyn nhw'n effeithio dim arnaf fi.'

'Nac 'dyn siŵr,' meddai Huw, 'weithian nhw ddim mewn lle llac.'

Glywsoch chi hon? *Cyhoeddiadau Adfer, Ardal Bethesda, 1976*

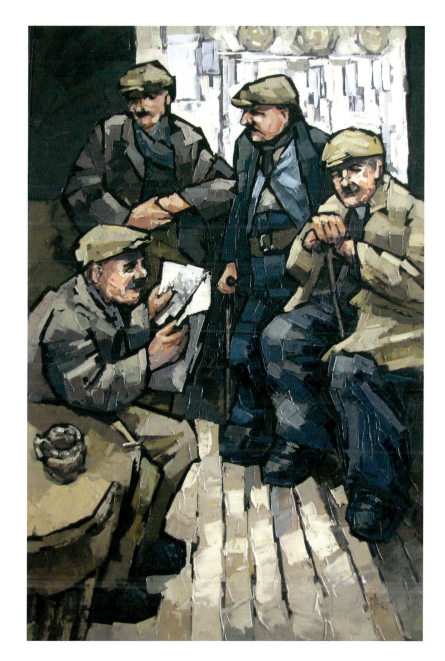

THE VILLAGE

Huw Pitar of Mynydd Llandegai was sitting holding his head beside his 'bargain', when a man asked what was the matter with him.

'That old dynamite has given me a bad headache, mate.'

'Well I never! The blasts never affect me.'

'No, of course not,' replied Huw, 'they have no effect in open spaces.'

Glywsoch chi hon? *Cyhoeddiadau Adfer, Bethesda Area, 1976*

Un diwrnod aeth Wil Evans i'r offis i ddadlau â'r clerc am ei gyflog. 'Rwyt ti wedi dal dwy bunt yn ôl o 'nghyflog i y tâl mawr dwytha, ac mi rwyt ti'n deud dy fod ti am ddal teirpunt ddydd Gwener nesa eto?'

Ar hyn, cerddodd llanc ifanc i mewn, un oedd wedi cael damwain yn y chwarel fisoedd ynghynt.

'Sut wyt ti'n teimlo?' gofynnodd y clerc.

'Wel,' meddai'r bachgen, 'mae'r doctor yn dweud y ca i ddechra ar waith ysgafn.'

Trodd y clerc at Wil a gofyn iddo, 'Oes gen ti job go ysgafn iddo fo?'

'Oes, mi fydd gen i un iddo ddydd Gwener. Tyrd draw i'r offis 'ma cyn caniad a mi gei gario 'nghyflog i adra.'

One day Wil Evans went to the office to negotiate his pay with the clerk. 'You withheld two pounds from my pay the last big settlement day, and now you're saying I've got to pay three pounds next Friday as well?'

At this moment, in walked a young lad who had suffered an accident in the quarry several months previously.

'How are you feeling?' asked the clerk.

'Well,' said the boy, 'the doctor says I can start back on light duties.'

The clerk turned to Wil and asked him. 'Have you got a light job for him?'

'Yes, I'll have one for him on Friday. Come to this office before the bell and you can carry my pay home.'

Llond Wagan o Chwerthin, gol. Ifan Glyn, Llyfrau Llais, Penygroes, 2006

Llond Wagan o Chwerthin, ed. Ifan Glyn, Llyfrau Llais, Penygroes, 2006

Oriau Hamdden

Oriau saib difyrrus ynt, – oriau hedd
    A swyn rhyddid ynddynt;
    A rheidiol oriau ydynt
    I ochel gwaith, a chael gwynt.

William Griffiths, 'Yr Hen Barc', Bys a Phert,
Gwasg y Bala, 1928

Leisure Hours

They are a diverting break, – peaceful hours
    And enchanted freedom;
    And they are much needed hours
    To forego work, and to breathe.

William Griffiths, 'Yr Hen Barc', Bys a Phert,
Gwasg y Bala, 1928

Chwarelwyr â'u Gŵyl

Bu'r dydd Llun cyntaf ym mis Mai yn ddiwrnod mawr i chwarelwyr Gogledd Cymru am flynyddoedd lawer. Cyrchent i'w Gŵyl Lafur yng Nghaernarfon, ac fe'i cynhelid weithiau yn Ffestiniog, Llanberis a Phen-y-groes.

Cyn sefydlu'r ŵyl gyntaf yn 1892 arferai'r chwarelwyr gynnal cyfarfod blynyddol i drin materion ynglŷn â'u gwaith ac i drafod pynciau fel – 'Iaith anweddus ymhlith y chwarelwyr', 'Moesau da fel prydferthwch cymdeithasol', 'Gwastraff a chynildeb ymhlith chwarelwyr', 'Sefyllfa foesol a chymdeithasol y chwarelwyr'.

Ernest Roberts, Cerrig Mân, *Gwasg Gee, 1979*

Quarrymen and their Festival

The first Monday in May has been a big day for North Wales quarrymen for many years now. They gather for their Labour Festival in Caernarfon, sometimes also held in Blaenau Ffestiniog, Llanberis or Penygroes.

Before holding the first festival in 1892 the quarrymen used to hold an annual meeting to discuss work matters and to discuss subjects such as – 'Indecent language among quarrymen', 'Good manners as a social nicety', 'Waste and thrift among quarrymen', Quarrymen's moral and social situation'.

Ernest Roberts, Cerrig Mân, *Gwasg Gee, 1979*

Y ddaear lafar oedd ei lên – a dyn
  Stiniog, bob gwythïen,
  Hen law mor fwyn â phluen
  Ond darn cadarn o'r graig hen.

'Colli Emrys Evans', Myrddin ap Dafydd

The worked earth was his book – a man
  Of Blaenau, every vein,
  An old hand as soft as down
  But a hard piece of old rock.

'Remembering Emrys Evans', Myrddin ap Dafydd

Cymeriad siriol yn meddu ar dalent fawr oedd D., ond ni hoffai fod yn y lleoedd amlwg ar y llwyfannau. Llwythai'r wagen yn ddiwyd un bore yn y chwarel. Safodd y prif oruchwyliwr am amser hir gerllaw iddo. Cododd D. ei ben i fyny a gofynnodd iddo, 'A fedrwch chwi chwarae draffts, Mr W.?' 'Medraf,' meddai yntau, 'beth wyt yn feddwl, dŵad?' 'O, eich tro chwi sydd i symud rŵan,' meddai D. Aeth y goruchwyliwr ymaith gan chwerthin yn braf.

J.W. Jones, Y Fainc Sglodion, Blaenau Ffestiniog, 1953

D. was a cheery character and possessed of a great talent, but he didn't like to be in the spotlight. He was busily loading a wagon one morning in the quarry. The chief overseer stood for a long while nearby. D. raised his head and asked him, 'Can you play draughts, Mr W.?' 'I can,' he said, 'what are you thinking, eh?' 'Oh, it's your move now,' said D. The overseer moved off, laughing heartily.

J.W. Jones, Y Fainc Sglodion, Blaenau Ffestiniog, 1953

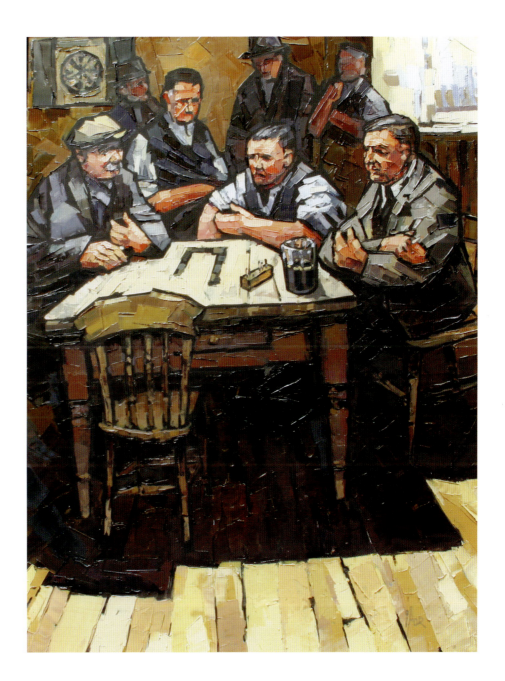

Ar y Bont Lwyd, yng nghanol y Stryd Fawr, y caech chwi f'ewythr gan amlaf. Yno yr ymgasglai rhai o hynafgwyr y pentref – Rhisiart Owen, y crydd; Wmffra Jones, y pwyswr; Ben Francis; William Williams, y tunman; Ellis Ifans, Tyddyn Llus. Yr oedd i'r hen gyfeillion hyn enwau eraill ar dafodau'r ardal, ond wrth eu henwau priod y soniai f'ewythr wrthyf amdanynt. Chwi a'u caech ar y Bont Lwyd bob prynhawn a hwyr pan fyddai hi'n braf, ond ar ddiwrnod glawog aent i siop Preis Barbwr neu i weithdy Huw Saer. A mawr oedd eu doethineb hwy.

O Law i Law, *T. Rowland Hughes, Llundain, 1944*

On Pont Llwyd, in the middle of the High Street, more often than not you'll find my uncle. There the greybeards of the village collect – Rhisiart Owen, the cobbler; Wmffra Jones, the weighman; Ben Francis; William Williams, the tinsmith; Ellis Ifans, Tyddyn Llus. These old friends had other names around the neighbourhood, but my uncle referred to them by their proper names. You'll catch them on Pont Llwyd every afternoon, and later when it's fine, but on wet days they repair to the shop of Preis the Barber or the workshop of Huw the Carpenter. And great was their wisdom.

O Law i Law, *T. Rowland Hughes, London, 1944*

Credaf fod chwarelwyr fy hen ardal i yn ddibynnol iawn ar ei gilydd. Ar gymwynasgarwch yr oeddem yn byw. Y tyddynnwr a chanddo drol yn rhoi ei benthyg i gario gwair a theilo i'r un nad oedd ganddo un. Chwarelwr yn colli hanner diwrnod o waith i fynd i helpu chwarelwr arall i gario gwair. Colli hanner diwrnod i fynd i gladdu cymydog. Gwneud cyngerdd neu ddarlith i ddyn a gollasai ei anifail neu ei waith trwy waeledd am amser hir. Daeth y bobl yma o leoedd eraill i dir gwyryf sâl ei ansawdd. Yr oeddynt yn gynefin â thir gwell cyn hynny. Felly yr oedd yn rhaid iddynt ymddibynnu llawer ar ei gilydd. Ni cheir cymwynasgarwch heb fod angen amdano.

Tyddynnod y Chwarelwyr, *Dewi Tomos*,
Gwasg Carreg Gwalch, 2004

I believe that the quarrymen of my home area depended greatly on each other. They existed on favours. The smallholder with a cart lends it to carry hay and for manuring to the one who doesn't have one. A quarryman loses half a day's work to go and help another to carry hay. Loses half a day to bury a neighbour. Arranges a concert or a lecture to benefit a chap who has lost an animal or lost his job through a long period of illness. The people came here from other places to poor, uncultivated land. By now they have an improved environment. Therefore they had to depend on each other. The favours wouldn't exist if there wasn't a need for them.

Tyddynnod y Chwarelwyr, *Dewi Tomos*,
Gwasg Carreg Gwalch, 2004

Roedd chwarelwr wedi cael damwain yn y twll ym Mhenyrorsedd – darn o graig wedi ei daro yn ei ben. Wedi iddo fendio'n reit dda, cafodd ei alw at y twrnai ynglŷn â iawndal. Dechreuodd y twrnai ddarllen papur oedd o'i flaen.

'Hyn a hyn o arian gan y chwarel i chi, a wedyn hyn a hyn o gostau cyfreithiol i minnau – ac mae hynny'n gadael y swm a'r swm ar ôl i chitha.'

Dechreuodd yr hen chwarelwr grafu ei ben, a gofynnodd y twrnai iddo beth oedd yn bod.

'Diawl,' meddai. 'Mae'n anodd iawn deud pwy gafodd ei daro gan y darn craig 'na – chdi 'ta fi.'

Llond Wagan o Chwerthin, gol. Ifan Glyn,
Llyfrau Llais, Penygroes, 2006

A quarryman had an accident in the shaft at Penyrorsedd – a piece of rock had hit him on the head. After he had mended successfully, he was called to see the solicitor about his compensation. The solicitor started reading a paper in front of him.

'Such-and-such money from the quarry for you, and then such-and-such for legal costs to me – and this leaves a balance of such-and-such for you.'

The quarryman started scratching his head, and the solicitor asked what the matter was.

'Blow me,' he said. 'It's hard to see who got hit with this chunk of rock – you or me.'

Llond Wagan o Chwerthin, ed. Ifan Glyn,
Llyfrau Llais, Penygroes, 2006

Teflir golau garw ar amgylchiadau'r ardaloedd honedig ffyniannus hyn yn y rhan a chwaraeodd y chwarelwyr yn y terfysgoedd bwyd cyson yng Nghaernarfon yn ystod blynyddoedd canol y ganrif. Yn 1752 heidiodd tyrfa o chwarelwyr y Cilgwyn a Rhostryfan i'r dref i ymosod ar y storfeydd ŷd yno, ac yn yr ymrafael arfog a ddilynodd gyda'r awdurdodau lladdwyd dau ddyn … Nid oedd newyn fyth ymhell o dan yr wyneb …

A History of Caernarvonshire, A. H. Dodd, cyf. Dewi Tomos

A grim light is thrown on conditions in these seemingly flourishing regions by the part quarrymen played in the recurrent food riots at Caernarvon in the middle years of the century. In 1752 a mob of quarrymen from Cilgwyn and Rhostryfan swarmed into the town to raid the grain granaries there, and in the ensuing armed scuffle with the authorities two men were killed … Hunger was never far below the surface …

A History of Caernarvonshire, A. H. Dodd

Gwaraidd ddiwylliant gwerin – a'u cododd,
    Wŷr cedyrn eu rhuddin;
    Gwnaeth syml goleg y gegin
    Hwy'n braff ar eu haddysg brin.

Dyfyniad o 'Y Chwarelwr', Lisi Jones,
Swper Chwarel, *Caernarfon, 1974*

A civilized folk culture – raised them up,
    Mighty men to their core;
    Their kitchen college made them
    Though scant their education.

Extract from 'The Quarryman', Lisi Jones,
Swper Chwarel, *Caernarfon, 1974*

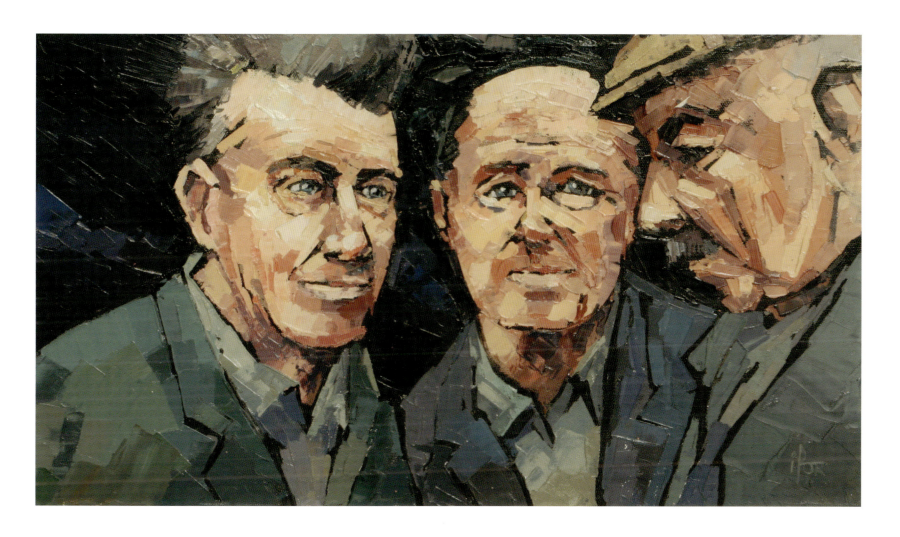

'Cantor fu, cyn torri'i fedd.'

Dewi Arfon, Tyddynnod y Chwarelwyr, *Dewi Tomos,*
Gwasg Carreg Gwalch, 2004

'He was a singer, before reaching his grave.'

Dewi Arfon, Tyddynnod y Chwarelwyr, *Dewi Tomos,*
Gwasg Carreg Gwalch, 2004

Y GYMDEITHAS

Yr oedd John Morgan wedi cael rhy chydig o gyflog a rhedodd yn ôl i swyddfa'r chwarel i hysbysu'r Prif Oruchwyliwr – Mr D. Davies. Deallodd Mr Davies y dirgelwch drwy ganfod fod rhai o'r nodau punt wedi glynu yn ei gilydd. Yna dechreuodd chwythu arnynt i'w cael yn rhydd. Wrth weld fod Mr Davies yn gallu gwneuthur pob papur yn ddau dywedodd John Morgan: 'Daliwch i chwythu, Mr Davies.'

'Straeon yr Hen Barc', Llafar Gwlad 84

THE SOCIETY

John Morgan had received too little pay and he ran back to the quarry office to sort it out with the Chief Overseer – Mr D. Davies. Mr Davies solved the mystery when he realized that some of the pound notes had stuck together. He began to blow on them to separate them. When he saw Mr Davies splitting each note into two, John Morgan said: 'Keep blowing, Mr Davies.'

'Straeon yr Hen Barc', Llafar Gwlad 84

Clybuwyd y sied yn diasbedain
Chwarelwr gwledig orig yn arwain;
Yn tanio corau â'i fatwn cywrain
A rhoi iddynt wers mewn lleisio persain,
A'i gôr mewn cynghanedd gain – 'n cydasio
Wrth leisio a morio'r caneuon mirain.

Dyfyniad o 'Y Chwarelwr', Lisi Jones,
Swper Chwarel, Caernarfon, 1974

We heard the shed resound and ring
A country quarryman leading;
Enthusing choirs with his fine baton
His melodious voice teaching them,
And his choir in harmony – blending as one
Powerfully singing with such beautiful songs.

Extract from 'The Quarryman', Lisi Jones,
Swper Chwarel, Caernarfon, 1974

Nid oes clustog, nid oes cadair,
Dim ond rhes o feinciau plaen,
Ni cheir byrddau hardd ysblennydd,
Nac un lliain arno'n daen;
Ond er hynny ceir awyrgylch
Anhebgorol wrth y bwrdd;
Hwn yw senedd y chwarelwr,
Yma trefnir pob rhyw gwrdd.

Myfyrion Hen Chwarelwr, J. D. Evans,
Cyhoeddiadau Mei, Penygroes, 1978

There's no cushion, there's no chair,
Only a row of plain benches,
No splendid tables present,
Or any cloth to clothe them;
Despite of this there's a feeling
Of life around the table;
This is the quarryman's senate,
Here everything is discussed.

Reflections of an Old Quarryman, J. D. Evans,
Cyhoeddiadau Mei, Penygroes, 1978

Yr oedd Bob Thomas, Gefnan, ar ôl un bore yn mynd at ei waith. Pwy ddaeth i'w gyfarfod ond E. Parry y Stiward, ac meddai: 'Ymhle y buost ti mor hwyr, Bob?'

'Wyddoch chi be,' meddai Bob, 'mi fuaswn i yma ymhell cyn caniad heblaw i mi droi yn fy ôl i neud fy ngwallt.'

'Straeon yr Hen Barc', Llafar Gwlad 84

Bob Thomas, Gefnan, was late for work one morning. Who did he meet but E. Parry, the Vice Overseer, and he said: 'Where've you been to be so late, Bob?'

'D'you know what,' said Bob, 'I would have been here long before the bell except that I went back to do my hair.'

'Straeon yr Hen Barc', Llafar Gwlad 84

Bu dwys ymddiddan yn y cabanau,
A hwy'n eu helynt yn trin eu hawliau,
Yn herio wrth blymio'u dwfn broblemau
Nes peri casineb at undebau;
Rheolwyr y chwarelau – yn wfftio
Y brwydro diwyro dros iawnderau.

William Griffiths, 'Yr Hen Barc', Bys a Phert,
Gwasg y Bala, 1928

Intense dialogue in the canteen,
They heatedly debate their rights,
Deep problems questioned and examined
Until unions were despised;
Managers of the quarries – flouting
The clarion call for justice.

William Griffiths, 'Yr Hen Barc', Bys a Phert,
Gwasg y Bala, 1928

'Cyrhaeddais y chwarel ganol dydd, a chael y fraint o dwymo fy nillad o flaen tân mawn yng nghaban y pwyswr. Yn fuan daeth y dynion i mewn o un i un, a phob un yn estyn piser o'r lle tân. Nid oedd yn y piser na the na choffi – ond llaeth enwyn yn hytrach. Dechreuais gynnal sgwrs ddi-seremoni gyda'r dynion, a buan y gwelais eu bod yn radicalaidd iawn eu gwleidyddiaeth, yn gynnes eu cydymdeimlad, ac mor fyrbwyll a'r Celtiaid yn gyffredinol.'

Caernarvon and Denbigh Herald, *1873*

'I reached the quarry at noon, and was allowed the privilege of steaming my clothes before the peat fire in the weight-taker's hut. The men soon came filing in, each man taking a can from the fireplace. That can contained neither tea nor coffee, but buttermilk. I entered into an offhand conversation with the men, and soon found that in politics they were eminently radical, in sympathies generally warm-hearted, and as impulsive as Celts in general.'

Caernarvon and Denbigh Herald, *1873*

Ar hyd eu heinioes brwydrai dynion
Â chaledi, tlodi, dyledion;
Rhwygai y graig, agorai'i heigion,
I falu'i herwyr yn falurion;
A gwŷr ifainc talgryfion – a nychai
O'r llwch a gariai'r llechi geirwon.

Dyfyniad o 'Cwm Carnedd', Gwilym R. Tilsley,
Y Glöwyr a Cherddi Eraill, *Llyfrau'r Dryw, 1958*

All through their fit years men struggled
With hardness, poverty and debt;
They tore the rock, opening her bounty,
To break down hard stones into pieces;
And young men tall and strapping – wasted away
From fine dust carried on rough slates.

Extract from 'Carnedd Valley', Gwilym R. Tilsley,
Y Glöwyr a Cherddi Eraill, *Llyfrau'r Dryw, 1958*

Mewn un caban byddai chwarelwr arbennig yn hoff o ddod â phennog fel 'scram' i'w ginio, a'i goginio ar stôf boeth yn y caban. Byddai'r arogl wrth goginio yn llenwi'r lle a braidd yn annymunol i stumog ambell un yn y caban. Cynlluniwyd gan rai o'r bechgyn i roddi pen ar y 'coginio'. Heb yn wybod i'r cyfaill, cafwyd gafael ar ei bennog, a'i agor, a'i lenwi gyda phowdwr du y chwarel, a ddefnyddid i saethu'r lechfaen. Pan roddwyd y pennog gan y perchennog ar dop y stôf boeth, yn sydyn dyna glec, ac i fyny â'r pennog am y to yn ddarnau. Ni bu arogl pennog am hir amser wedyn yn y caban hwnnw!

O. R. Williams, Wagenaid o Straeon, *Gwasg Tŷ ar y Graig*

In one canteen a particular quarryman liked to bring herring as 'scran' for his lunch, and he cooked it on the hot stove in the canteen. The smell from the cooking was a bit much for one or two in the canteen. Some of the lads plotted to put a head on the 'cooker'. Without telling their pal, they got hold of his herring, slit it open, and filled it with black powder from the quarry, which is used to blast the rock. When its owner put the herring on the hot stove there was a sudden bang, and the herring splattered everywhere. There was no herring smell in that canteen for some time to come!

O. R. Williams, Wagenaid o Straeon, *Gwasg Tŷ ar y Graig*

Di-ffrwyn eu tafodau ffraeth
Wrth ddyfal ysmalio
A gwamalu, tra'r llwch yn gymylau,
Yn grebach afiach ar ysgyfaint,
A'r rhugliad yn peryglu
Eu hoedl o'i hir anadlu.
A hwy yn ebyrth heb wybod,
Yn wael a hen yn ganol oed.

*Dyfyniad o 'Y Chwarelwr', Lisi Jones,
Swper Chwarel, Caernarfon, 1974*

Unbridled in their jesting
And in endless pretence
And faltering, as the dust clouds
The lung with disgusting scars,
And rattles perilously
In their life-long breath.
They are sacrificed unknowing
To be ill and old in middle-age.

*Extract from 'The Quarryman', Lisi Jones,
Swper Chwarel, Caernarfon, 1974*

Mae wyneb llwm y Cwm cau
Yn braenu rhwng y bryniau;
Pob gwal gadarn yn garnedd,
A'r bonc mor dawel â'r bedd.

Dyfyniad o 'Cwm Carnedd', Gwilym R. Tilsley,
Y Glöwyr a Cherddi Eraill, *Llyfrau'r Dryw, 1958*

Cwm closed down looks sullen
Decaying between the hills;
The strong walls are now stone cairns,
And the gallery is a grave.

Extract from 'Carnedd Valley', Gwilym R. Tilsley,
Y Glöwyr a Cherddi Eraill, *Llyfrau'r Dryw, 1958*

Do, bu yno brysurdeb unwaith,
A swˆn o gaban, a sain gobaith;
Fel clychau'n tincian clywyd ganwaith
Glep pedolau'r hogiau foregwaith,
A'u gweld yn eu dillad gwaith – trwy'r oriau
Yn rhwygo o greigiau eu goreugwaith.

Dyfyniad o 'Cwm Carnedd', Gwilym R. Tilsley,
Y Glöwyr a Cherddi Eraill, Llyfrau'r Dryw, 1958

Yes, there was a liveliness here once,
The canteen's hubbub, the sound of hope;
The clack of hobnails like bells chiming
Heard over and over on working days,
And the men in their work clothes – at all hours
Wrenching their best work from the rocks.

Extract from 'Carnedd Valley', Gwilym R. Tilsley,
Y Glöwyr a Cherddi Eraill, Llyfrau'r Dryw, 1958

Argraffiad cyntaf: 2011

Hawlfraint y lluniau: ystâd Ifor Pritchard
Hawlfraint cyfieithiad y testun: Susan Walton
Hawlfraint y gyfrol: Gwasg Carreg Gwalch

Rhif Llyfr Safonol Rhyngwladol:
978-1-84527-332-3

Cynllun clawr a dylunio'r gyfrol: Dyfan Williams

Mae'r cyhoeddwyr yn cydnabod cefnogaeth ariannol
Cyngor Llyfrau Cymru

Argraffwyd a rhwymwyd gan Wasg Gomer, Llandysul.
Cyhoeddwyd gan Wasg Carreg Gwalch,
12 Iard yr Orsaf, Llanrwst, Dyffryn Conwy LL26 0EH.
Ffôn: 01492 642031
Ffacs: 01492 641502
e-bost: llyfrau@carreg-gwalch.com
lle ar y we: www.carreg-gwalch.com

Diolch i Gari Wyn; Michael Roberts, Llun mewn Ffram a Dic Roberts, Penygroes.

We gratefuly acknowledge our debt to Gari Wyn; Michael Roberts, Llun mewn Ffram and Dic Roberts, Penygroes.